김태균 시집

입 안의 이름

작가의 말

 유년과 젊은 시절과 지금을 생각해 보면 그저 쓰는 것이 좋아 시를 썼다. 무엇을 특정해서가 아니라 받은 영감에 그저 단어를 적절히 찾아 문장을 만드는 것이 내가 하는 일이었다.

 밤잠을 설치기도 하고 흘러가는 강물에 넋을 놓고 온종일 바라볼 때도 있었고 유능한 작가들의 아름다운 시를 접할 때는 나도 모르게 질투가 생기기도 했다.

 그래서 책을 읽고 습작도 하지만 늘 부족하다는 생각은 지금도 변함이 없다.
 이 책의 출판을 도와주신 문학바탕에 감사드리며 나의 아내와 아들과 딸에게 감사함을 전한다.

작가의 말   3

1부
눈시울   10
하찮은 생각 하나가   12
우포늪에서   14
남해 금산   16
오월에   18
나는 어디까지가 사람이었던가   20
당신이면 좋겠습니다   22
폐가   24
슬픔에 대하여   26
줄행랑   28
행복한 눈물   30
다문화의 딸   32
하얀 그리움   34
입 안의 이름   35
연분홍은 푸른 옷을 입지 않는다   36
강의 노래   38
겨울 강에서   40
당신이 오시는 길   42
삐뚤어진 넥타이   44
사랑을 하고 말았습니다   46

2부

노예 해방	50
안녕하세요	52
비 젖은 빨래	54
꽃들에게	56
목련	58
엄마 향기	60
눈물겨운 날	63
노을이 떠나던 날	64
검은 꽃	66
눈	68
국화꽃 꺾지 마라	70
눈 내리기 전	72
낙엽을 보며	74
불의 노래	76
빗소리의 뒷그늘	77
여름밤	78
눈물의 마음	81
초충도의 밤	82
청사포에서	85
소중한 사람	86
수레	88
개와 고양이	90
그 누구도 상처 주지 않았다	93

3부

기생충	96
모란이 피면 오신다 하였습니까	98
가벼움에 대하여	100
나의 눈	102
파도와 나	104
모깃불과 반딧불과 별똥별	106
약속	108
사는 건 모두가 그리움이다	111
아픔이 아픔일 때	112
당신이 아는 것보다 더	114
애완용에서	116
바위의 현이 음색을 컨다	119
부엉이바위의 죽음	120
서릿발	122
나는 왜 생각하는가	123
굴절	124
내 사람에게	126
가난한 자에게 가을비는 젖지 마라	128
쭉정이	130
팬티를 다리는 마음	132
삶은 그렇다	133
통영의 시간	134

4부

나 하나라도	138
오늘 안의 지금	140
슬픈 詩의 이별	142
도동서원에서	144
작은 것들의 힘	145
그릇	146
통영의 밤	148
나는 글자만 읽었다	150
그러니	152
크로커다일	154
사랑이 오면 그렇게 오라	156
자유의 그늘	158
겨울 뻐꾸기	160
마음의 노래	162
가을 강의 묵화	164
절 앞에서	166

1부

눈시울

겨울 노을이
목구멍에 걸린 가시처럼
산 넘고 강 건넘이
어제가 오늘인데
강물 데우는 붉은 손의
따스함에 삭풍 견디누나

구두코의 반짝임에
옷깃 깃털 틀고
내려다보던 눈이
올려다보는 동그란 눈 되어
산은 허물어져
가슴 아래 굽은 등이
나의 세월에 묻었고나

해종일 시간조차 대문에 걸어두고
시래기 한 줌에 보글거리는
된장찌개가 익기 전

굽은 허리 펴 큰 가슴 만들고
둥지 찾은 어른 새를 아기 새로 품는데
이 작은 어미 새가 품속에 들어와
시린 눈이 부옇고나

난 괜찮다
난 괜찮다
실낱같은 잠꼬대가 들려오면
이불자락 덮는 손에 가슴 메어 오는데
유년의 회초리가
눈시울에 대롱거리누나.

하찮은 생각 하나가

하찮은 생각 하나가
폐부 깊숙이 들어와
굉음의 톱날이 푸른 허파를 도려낸다
안정과 정서라는 미명에
사슴의 관까지 훔치는
이 알량한 생각이 치졸하기만 한데

무엇이 그리 세상에 포효하고 싶은가
꾸깃꾸깃 양심은 붉은 도포의 암흑
쓰다 만 글귀를 숨통 죄듯
쓰레기통에 처박는 일회용
나는
진작 내가 쓰레기임을
인지 못 한 채
그 짓을 또 하려 한다

하찮은 생각 하나가
계절을 뺏고 무수한 생명의 사체

그리고 먼지의 폐부를 갉아 먹는
나는
충혈의 눈으로 하늘을 닮고자 하지만
검은 글자들이
나의 책상 위에 신음하고 있다

이 지랄 같고
지랄 같은
하찮은 생각 하나가!

우포늪에서

변하는 계절은
시간의 역습처럼
변하지 않는 의지의 성숙
늘
눈 속과 가슴 그리고
걸음 속 풍경으로 전한다

느껴야 할 내가 우리가
지나간 푸념에 묶여
비운 소주의 숙성보다 얄팍하면
세상 끝처럼 흘리는 눈물은
가벼움이다

산들바람도
따가운 햇볕도
그 시간과 인연의 장소는
우릴 묵묵히 기다린다
떠난 후의 쓸쓸함

삭정의 계절도 퇴색하지 않은 채
나는 그들 속 나를 찾고
그는 나를 포옹하는 지금에 섰다

남해 금산

천년은
석등 아래 흐르고
백 년은
법당 안에 흐르고
한 맺힌 고독은
바다의 자화상 되어
푸른 꿈의 한을 받아 내고 있나니

감은 듯
감은 듯한 두 눈 아래
가슴이 내민 손 모음이
눈물 되어 흐르는데
아낙의 숭고한 자태가
자비 담은 구름 아래
굳센 병풍처럼 앉았느니

눈물은 등 뒤 흐르는 감로수로 남겨두고
실풋한 미소 하나

가슴에 담아
지금 걷는 천년의 발자국
남해 금산
보리암

오월에

그러지 마라
우리 아는 것을
너의 삶이 갸륵함도
탁란의 거짓임을
목 잘린 두릅의 씁쓰레한 맛도
너의 전부가
칼날임을 우리 안다

그러지 마라
너의 입과 눈빛이
중력 떠난
우주의 쓰레기임을
너의 오장육부가 썩어
이 세상을 밝히기엔
사람의 피가 아님을 우리 안다

오월엔
만국기의 평화가

아이들의 웃음소리가
이 땅이 간절히 원하는
평화의 터라는 것을
부끄러운 나도 안다

그러지 마라
이 땅과 하늘은 천심이 주인임을
민초의 아픔이 풀꽃 되어
푸른 바람과
푸른 언덕이 이룬 곳임을.

나는 어디까지가 사람이었던가

   태풍 휘몰아 천지를 엎어
   화는 회오리로
   팔다리를 꺾어
   호통의 칼날이 나의 등을 후려쳐 사람이기를 참회로 안내하고

   떨어지는 낙엽에서
   나의 시간이 한 장 한 장 포개지는
   발밑 삶과 죽음
   엄숙한 스산함으로 빨개진 부끄러움은 살갗 여미는 찬바람에도 가벼워야 했다

   다 못한 사람의 길이
   동안거로 촛불 켤 때
   천지는 잿빛으로
   나의 사람됨에 죄는 하나 둘
   용서받지 못하는데

그는 시궁창까지 순수함으로 품을 때
나는 어디까지가 사람이었던가?
스승은 언제나 실체로
채찍과 부드러운 말로 귓가에 맴돈다

가벼운 날갯짓 하나까지도 성숙한 믿음이 무디지
않는 한
오늘은 바람 속
바람꽃을 눈 속에 피워 놓고
가슴에 봄을 두고 갔다
나는 어디까지 사람이었던가?

당신이면 좋겠습니다

산사
풍경소리 봄꽃노래하고
한 방울 두 방울 석등은 젖고
스님 법문 흐르는데

일편단심 가슴에 묻은 이
두 손 모아 펼치면
하늘의 구름도
휘도는 바람도
당신 되어 춤추는데

발가락 끝에 떨어지는
봄비의 시린 입맞춤
내려놓으면
속살같이 조용한 당신

산사
풍경 소리 봄꽃 떠나고

감로수에 고이는 마음 하나
우산 속 파고든 부치지 못한 편지는
간절한 탑돌이의 정갈한 시간

오늘의 그날
그날의 오늘
당신이면
죽어도
당신이면 좋겠습니다.

폐가

기울어진 휜 다리
흐릿한 동공 속
새가 날고
쪼그라진 감과
붉게 타는 노을 회한에
눈물은 마른 폭포처럼 떨어진다

펄럭이는 치마 속
소용돌이치는 사타구니
사막의 중심에 선 자궁
성근 잡초 몇 뿌리
전부다

쑥대머리 치렁한 용마루
늘어진 고드름의 살점이 정적을 깨고
여백을 채운 지난 시간
반딧불 되어 춤추는데

엄마의 손 부름이
누렁소의 큰 눈이
아가의 눈부처가
모두 진주빛이었구나

빈 들 찬바람이 눈물 훔치고
어머니의 어머니의 어머니는
황톳빛 되어
세월 등 진 자의 고향이 부른다.

슬픔에 대하여

네가 그리움으로 있는 한
나의 상처는 언제나
배부름으로 있을 거다

행여
꽃 피고
꽃 진 자리 어제에 머물러
우산 속 어제 이야기가
마르지 않는 웅덩으로
곪아 터질 때도 되었건만
살아감이 더해 갈수록
내겐 슬픔만 배불러 온다

옷깃 보푸라기 떼어
물결 위에 띄우던 하얀 손
눈가 아롱이면
나의 눈은 출렁이는 물결보다
따뜻하게 아파 오는데

꽃이 열매를 품고
초승달이 보름달을 품듯
인연에 눈 감은 자정은
어제오늘이 아니기에
사람이라 어리석은 배를 채웠나 보다

냉기의 밥상에
수저는 주인을 잃고
수평의 의자는 슬픔이 앉아
밥상의 수평선이 아득한 건
아침이 서러운데

창밖
흐드러진 꽃들은 젊기만 하다

줄행랑

깊이
더 깊이
아주 더 깊이
사랑하면 사랑하면 안 된다는 것
삶의 굴레에
나의 분신을 송두리째 엮어
그 사람이고저 했다
뒤돌아봄도
의식조차 필요치 않는
순결한 영혼의 육신인 줄 알았다
잊음을 두려워했던
순간의 순간에도
영원히 나의 곁에 있으리라 믿었다

그러나
그는 남았지만
내가 가야 한다는 것을 알았을 땐
아픔으로 다가옴은

뿌리치고 뿌리쳐도
끝없이 괴롭히는 두뇌의 통증
멈춰야 한다는 것을 고집하며
나는 그를 놓고 비겁을 안고 돌아섰다

행복한 눈물

 잊어야만 한다
 그 오랜 옛날 옛날에 내가 먼저 원했을지도 돌아갈 곳을 미리 정해야 할 이유는 없었다
 당신이 나의 사람이니까

 눈물마저 힘차게 흐르는 나
 당신 없으면 어쩌지 못하는 철부지 어깨 토닥이며 나의 위로가 되어 주는 당신 그것이 나의 전부란 것

 그리움이 구속된 행복 나는 그 슬픔을 잊으려 한다
 당신 하는 말 의미를 몰라 애태운 밤 눈물 글 쓰고
 토끼 눈으로 나의 심장을 두드린 당신 세상 끝 나를 위해 산다는

 그 말 새기며 내 살던 곳
 당신 손 잡고 가고픈 맘
 꿈속에서 웃지만 눈 뜨면 낯선 이국 나는 웃는 것이 씁쓸하다

눈물 나는 계절에 밤 별마저 낯설 때 따스한 당신 손길
당신 입맞춤 알까 그 누가 알까
당신 품이 나의 고향이 되는
퇴색해 가는 향기와 잊을 수 있는 향수를 포근히 안아 주는 애틋한 눈빛

그 그리움이 무뎌지고
당신 심장 소리에 잠이 들면
더 행복한 나는 눈물을 적신다.

다문화의 딸

어머! 여기는 머나먼 이국땅
모국이 아스라이 먼 곳
어느새 나는 엄마가 되어
어머니를 그리는 아낙입니다

눈 감으면 어머니의 사무침에
눈조차 감을 수 없기에
오늘도 깊은 밤 별을 봅니다

찬서리 내리는 삼경
외등 하나 켜면 파도 우짖고
풀벌레 요란한 이곳도
고향이라는 이름이 겹치고
눈부처의 맑은 아이는 자랍니다

코 입 눈 모두 어머니를 닮았고
동그란 몸집은 아버지를 닮아
낯설지 않은 나는

더욱 낯설어지는 그리움에
질척이는 눈을 두 소매로 훔치며
몇 날 며칠
편지를 쓰다 지우고
지우다 쓰기를 그만둡니다

깊은 밤 유독 그리운 얼굴들을
하나 둘 떠올릴 때면
나의 눈물만큼
꺽꺽 울어 주는 그이가 애처로워
외등을 꺼야 합니다
품속에 안기면
베개 깃이 흠뻑 젖는 편안함
쉴 새 없이 흐르는 눈물은 무슨 까닭인지요

오늘 밤도 별이 지고
내일 또 해가 솟으면
길섶에 앉자 해종일 그이를 기다립니다.

하얀 그리움

밤새 그리도 아름답던 별이
실오라기 햇살에 잠들기 전
내 가지고 놀던
빈자리를 메꾸기 위해
풀-잎을 노래로 밤을 적시고 있었습니다

밤새는 포득이며
어둠 속 긴 여운을 남긴 양
둘이 사랑으로 갔지요
만 시름의 생각이 고요를 싣고
첫사랑의 미소에 접하면
부끄러움만 남았습니다

잠드는 시간
째각이는 그리움
뒤척이는 별을 안고
나는 홀로가 아닌
그 사람의 사람이 되고 있었습니다

입 안의 이름

눈물이 흐르면
훔치지 마세요
노 저어 오는
그대 물길입니다

눈물이 흐르면
닦지 마세요
가슴 깊이 파고드는
그대 영혼입니다

내가 더 사랑하는 것

눈물은
입 안에 고인 이름
그대 한 사람뿐입니다
그냥 두세요.

연분홍은 푸른 옷을 입지 않는다

겨우내 얼은 몸이 녹으면
같은 밥을 먹고
같은 잠을 자고
연분홍과 초록의 상사화가 시작된다

움츠린 시간 는개비에
연분홍은 환희와 갈채 속
극세의 영혼까지
칭송은 만개하는데
결코 초록에게는 보일 수 없는 가슴앓이

발길 끊어진 적막
순한 몸 틀고
가시고기의 끝없는 삶
달콤한 출산의 흔들림
실핏줄이 자지러진다

낯빛 빨갛게 멍들고

쭈그러진 냄비의 잔주름 되어
가을 골에 몸 뉘며
찬서리에 서서히 썩어 갈진대

초록마저 연분홍 되어
만추에 고개 떨군다

고마워서
고마워서
너무 미안해서
연분홍은 푸른 옷을 입지 못한다

강의 노래

바람이 온다
바람이
강물은 이랑 이랑
손 손잡고 연푸른 입속으로
앞가슴을 내민다

강은
파광 찬란한 양탄자
지친 바람의 젖은 어깨를 토닥이며
석양의 잉걸불로 자신을 데운다

강은
어둠이 내리면
떨어지는 별들의 온기를 품고
매서운 새벽 입김 풀어
강섶 대지를 품는다

강은

개벽이 눈인사로 어둠 재우면
돛을 세워
바람과 함께
출산의 도시로 갈 것이다.

겨울 강에서

그 사람 이름 적다
그리움이란 낙서에
눈물이 마침표가 된다

만월이 잠들기 전
시큰한 눈 허공에 두면
이미 강물은 나라고
고집스런 사람

낙동강 가에
섬진강 가에 이름 새긴 날들
강섶 한 치 그리움으로 떨다
알몸으로 데우면
그는 손끝에서 발끝으로 자라는데
바람이 할퀸다

나의 노래에
나의 시에

그의 투영을 훔치지 말아 달라
젖는 가슴이 그 사람인데
물이랑은 바람을 등지고 애를 밀어 간다

제발,
내가,
그를 놓기 전까지
그를 볼 수 있게 하라

당신이 오시는 길

그리움이 깊어지면
사랑하지 말라 하셨지요
그 말 알지 못해 당신 오시는 길
불 밝히고

까만 밤이 수척해지면
상처가 위로하지만
기다림의 깊은 수렁이
제 집입니다

당신 오시는 길 심장 꺼내 들고
하얀 백지 머리 풀어
당신 침실에 내려놓고

내 무릎이 닳아
손이 되어도 좋으련만
당신은 오시지 않았습니다

그리움이 깊어지면
사랑하지 말라시던
당신 오시는 길 혼융의 이별로
진정 내가 가야 하는 길이었습니다.

삐뚤어진 넥타이

펭귄의 화신
순백의 대척점은 바람 멋
나부끼는 것은 머리카락만이 아니다
늘씬한 몸매의 유혹
그곳엔 의심의 여지가 조금도 없다

나는 그것이 멋인 줄 알고
조금 더 조금 더
삐뚤어져도
갈색 짙은 샤넬
앙증스럼으로
하늘은 늘 맑은 줄 알았다

수렁
엇끼워진 단추
짝짝이 양말
거꾸로 신은 신발
타다 눌은 와이셔츠

그들의 피가 붉다는 것을 몰랐다

알았을 때
해는 서산에 걸려 할딱이고
나는 가슴으로 우는데
낮은 구름 사이 기러기의 삼각 비행
무언의 정도를 사랑하는 콧노래
나는 넥타이를 푼다.

사랑을 하고 말았습니다

사랑한다고
사랑하고 있다고
말하고 난 뒤
눈물이 맺혔습니다
그대 온화한 모습에
나는 무릎 꿇고
그대 발등 위에 뚝뚝 떨어지는
나의 눈물을 보았습니다

훈풍도 모르게
풀꽃 향기로 노 저어
나의 숨결 사이로 들어왔습니다
심장에 차곡이 쌓이고 있다는 것을
나는 몰랐습니다

괜스레 웃는 날이 많아지고
지나쳤던 꽃향기에
나의 마음이 빼앗겨

한참 동안 넋을 놓는 설렘을
나는 몰랐습니다

알았을 때
그대의 미소를 그대 목소리를
그대 그리워지는 하루가 쌓여 가고
가슴 뛰는 기쁨은 슬픔으로
목 안에서 읊조리듯
이름 부르는 것이 위안이 되었습니다

사랑한다고
사랑하고 있다고
말하고 난 뒤
눈물이 맺혔습니다
그대 온화한 모습에
나는 무릎 꿇고
그대 발등 위에 뚝뚝 떨어지는
나의 눈물을 보았습니다

2부

노예 해방

만추는
아름다움의 식상을
잽싸게 노을을 숨긴다

찬바람 서늘한 연탄불
조개구이 중짜 이만오천 원
대짜 삼만 원

삼만 원이면 일주일 치 양식이네!
듣고 있던 사내
한 달에 삼백도 빠듯한데
무슨 말도 안되는… 야물루족이오?
먹고 사는 거 말이지!

조개들의 본색이 드러난다

자~~~자!
건배!

술잔의 양철 소리

나는 삼만 원이면
한 달 살아가는 건 충분한데…

…………

백합 조개가
타다닥 탁 탁!
입을 다물지 못한다

안녕하세요

가을 땅거미 내려앉은 지 한참
가로등은 빈자리를 채우는 시간
걸음을 멈췄다

종종걸음
나의 멋쩍은 웃음에
안녕하세요? 고개를 숙인다

나는 나의 안녕보다
그 아이의 안녕이
어둠 품은 빈자리보다 짙은 어둠을 본다

상투적인 인사
걸음이 멈추고
나의 유년은 행복했을까!
저 아이의 등짐이
내 유년의 지게로 논 밭 일을 하는 만큼
고단할까

나는 세끼 밥이 궁했고
아이는 학원이 세끼 밥
나의 노동이 진절머리났다면
아이의 밥은 달달할까?

나의 노동이 타자였다면
아이의 늘어진 어깨도 타자일까?

골목을 돌아서는 아이의 그림자가
나에게로 다가왔다 탄지로 사라진다
돌아선 상념은
아이의 무표정한 스침만큼
나는 하늘을 올려다본다

제발…
아이가 안녕했으면!
아이가 원한 세끼 밥이기를!
나는 침묵을 불빛에 던졌다

비 젖은 빨래

한 사람을 위한 노래로
한 사람을 위한 설렘으로
외줄 꽉 붙잡고
온몸으로 기다려야 하는
너는 기다림에 익숙하다

살갗 스치는 로맨스
창연한 햇볕 데이트의 긴장
슬플 때
너는 눈물받이가 되어준다

캄캄한 서랍 한 귀퉁이 처박혀
사선의 경계가 무뎌질 때
그 손길이 닿는다
쿵~ 쿵~
진한 스킨십

외로운 날

회오리에 뒹굴고 얽혀
수없는 매질을 견뎌야 하는
너는 외사랑의 순수한 스토커

벌거벗은 너는
깁스로 박제되고
젖은 바람이 불면
묵직한 고독은 아래로 쌓여
사랑은 네가 아닌
그라는 것을 알고 난 후

비는 내리고…
그는 오지 않는다

꽃들에게

꽃 피고
꽃 지는 것
아이야 슬퍼만 할 건
아니란다

손 주먹 펼칠 때
햇살이
손바닥에 다소곳 앉아
쉼 하듯

가는 곳에 인연이
머문 곳에 인연 있음이니
아이야
눈물 한 줌 흘리는 아이야

그 눈물 또
쌓이면 여울 지나
강물에 이르듯

밤 깊으면
새벽은 기다리지 않아도
온단다

인연 또
인연 지나면
그 인연의 바람이
살갗 비비듯 노래할지니

아이야
장미도
은하수도
우리의 만남도
바람처럼 때론 별똥처럼
마음으로 흐르나니…

목련

순수한 시간은
사모의 정을 꽃으로 피운 날
솜털같이 떨 때
님 소식 감감한
하얀 목련

이불 여미고
눈 감고 지낸 세월은
고독마저 숭고함
가지 끝 한잎 두잎 피울 적에
수줍음은 만인의 눈길이 부끄러워
북쪽 먼 곳 정다운 님 목소리 들리련가

한 점 바람에
백옥 숨결 모두 모두어
님 향해 연 입술
비바람이 모질구나
서러운 영혼 여섯 날개 추락하고

사모의 정은 봄처럼 떠나는데

내 사랑은 멀고
내 발길을 잃어
모진 세월 찬서리도 비켜 갔건만
님은 보이지 않고
나는 님을 떠나고 있구나.

엄마 향기

하늘이 물기 묻은 구름을
껴안고 있는 날
폭풍이 잔뜩 움츠려 된비알에 숨바꼭질하는 날

앉은뱅이 먼지가 점프하면
엄마 향기가 난다
이런 날 엄마 언제 올지
밖에서 놀 수도 없고
무료함조차 무료해질 때

외양간과 돼지우리에서
엄마 향기는 더욱 짙게 난다
기다림에 지쳐 깜박 잠들면
밥 묵었나 하는 엄마 목소리

반가움에 벌떡 일어나면
텃밭 초록 잎들이 어둠을 물고
빗소리를 받아 내는 것인데

엄마 발걸음처럼 빠르다

어둑한 하늘에 어둠이 더해져
엄마 향기 코를 스칠 뿐
아파오는 배가 방구석으로 몰고
땅은 내 눈만큼 젖을 때면
대문 여는 소리와 엄마가 돌아왔는데

내가 배 아프다 울면
품에 꼬옥 안아 주는 것인데
비릿한 엄마 향기가 마냥 좋아
비 냄새가 엄마 향기라 하면
엄마 향기를 너무 많이 맡아서
아픈 거라고

배 아픔과 비릿한 엄마 향기가
언제나 비와 함께 오고
배 아픔이

배 고픔이
배 아픔으로 알던 날
엄마 향기는 흙을 살찌게 키우는데.

눈물겨운 날

꽃비가 지천으로 흩날리는
봄날 웃음도
바람 한 점
야윈 볼을 훑고 지나는
솜털 떨림도

푸른 바다가 출렁이는
침묵이 푸르다는 것도
사랑이란 말의 사치도

네가 있을 때
네가 살아 있는
하나로
욕심 다 한 것인데

꽃잎은 길을 잃고
봄 햇살은
겨울보다 냉랭하다

노을이 떠나던 날

지금은 노을이 있어
가야만 한다고
언제부턴가 읊조리던

깊은 밤은 슬플 거라
노을 따라가야 한다고
이제는 가는 것이 아닌
언제나 떠나고 있는 그대이기에

저문 바다의 멍이 검게 들고
돌아오는 배의 물결은 합수되어
하나 둘
사람의 둥지는 어둠으로 가는데

내가 그대가 떠남이
나의 눈도
그대의 눈도 슬프지 않는
마음 돌아서는 것이지만

붉은 꽃에
바람의 흔적에
등 돌린 깊은 밤 어깨 들썩여도
시간을 닫고
내일의 노을을 거두리라.

검은 꽃

흔적을 남겨야만 하겠는가?
사형대 사열
나는 눈을 감고 걸어야겠다 생각한다
귀가 문제를 일으킨다
통곡이 비릿하게 접혀 콧속에서 뒹군다

수백의 몸통이 잘렸다
둥글고 네모난 사형대
목들이 달랑거린다
너와 나의 이름
주홍 글씨의 집행자
검은 사제는 끝없이 굽신거린다

향기는 시간에 케케하고
몸통은 레테의 강을 검게 물들였다
결 좋은 바람이 일렁이면
통곡은 밖에서 뭉텅이로 들어오고
살아 있음이 아름다움인데

용갱도 아닌 화장터로
발굽에 뭉개지고
형틀에 묶인 풍장
뼈조차 퍼석거릴 것이다

죽은 이를 위한
죽음 앞에
눈을 감고
귀를 막고
코를 막아도
내가 앞에 머리를 숙인다
나도 진정 살아 있는 것인가.

눈

태풍이 그렇게 모질게
티끌까지 쓸어간 것이
너의 이름을 알기에
나뭇잎이 파르르 떨다
낙엽을 떨구는 것인데

바람은 모퉁이 구석구석
낙엽을 몰았던 것이
철없이 마구마구 날리는
너의 상처를 받아 내기 위한 것이었다

여린 몸은 켜켜이 성숙하고
가슴은 달덩이로 부풀어
젖꼭지를 물리는 것인데
젖살 돋는 솜털이 야드를 거리고
들녘엔 포동포동 살이 돋아

매화가 하얀 것도

이화가 하얀 것도
만개로 가는 꽃들의 순한 향은
그를 닮아
한여름 밤의 꿈을
하얗게 하얗게 내린다

국화꽃 꺾지 마라

짙은 초록을 위해
오뉴월 뙤약볕
청잣빛 먼 날 품은 시간
그는 감사한 가을 하늘 아래
향기를 튼다

깃 세운 길인 들에 보내는
짙은 눈인사는
휴식의 발에 안부를 묻고
느린 입맞춤이 농익다

국화꽃 꺾지 마라
고상한 너의 마음 하나 달래기 위해
세상 삶들에 내어 주는 향
모가지 싹둑 꺾어
골방의 사체로 바싹 말라 가야겠는가
 너의 뜨거운 욕조에 목욕하기 위해 찬서리를 견뎌
낸 것이 아니다

국화꽃 꺾지 마라
남겨진 짙은 초록이 새파랗게 멍들어 바람에 떨고
머리 잃은 몸뚱어리는 서리 맞은 서러움보다 늙었다

언제 한 번
나는 국화 향기를 가졌던가?
모든
꽃들은 꺾지 마라
보는 것이다
그들도 나를 본다.

눈 내리기 전

 을씨년스러운 날
 오늘 같은 날이면
 할배의 담배 대가 연신 뻐끔거리고
 화로에 눈 빠진 나는
 밤알이 튀길 바라고
 저녁을 닮은 밤 같은 날

 헛기침이 유별나게 크게 들리고
 아버지의 손에 대롱거리는 갈치 세 마리 부엌에서
뛰어나가는 어머니의 투정 수제비를 끓여 속상하고
 우리는 입 안에 맴도는
 노릿한 갈치가
 짚불에 익어가는 것을 눈으로 먹는 날

 하늘만 바라보며 삽살개만큼
 누나는 하늘의 소식을
 우리에게 자꾸 묻는데,
 밤이 깊어 하나 둘 불이 꺼져가고

할배의 헛기침이 소복소복 쌓이는데
눈꺼풀은 화롯불처럼 껌뻑거린다

내일 아침이 무척 기다려지며
나 같은 눈사람 하나 만드는 꿈을 꾼다

낙엽을 보며

고생했다
고생했다
수천만 번의 유혹에
숱한 날
부둥켜안은 실핏줄
네가 있어 눈은 언제나 젊음이었다

예쁘구나
어여쁘다
산고의 결실은
한 점 초록까지 내어 주고
흐느끼는
눈물 한 방울 가져가지 않는구나

떠날 땐
티끌 없이 가는 것이
너의 모습이지만
색동옷에 바슬거리는

너의 첫 옹알이
팔랑이는 아픔아!

잘 가거라
연둣빛 순한 너의 모습이
엊그제인데
또다시
그늘이 착한 그 날 오면
아리랑에 어깨춤을 추자구나.

불의 노래

사라짐이 두려운 뜨거운 노래는
깊은 사랑이 외로움이다

미친 듯 울부짖는
그가 미친다는 건 그리움 때문이다

상처에 이 노래의 잉걸불은
그대의 재가 됨에
마지막 생으로 돌아가는 것인데

푸름은 그대 영혼이 보낸
뜨거운 죽음의 생으로 가고
달빛 맑은 날
그가 그대의 그늘로 안긴 건
불의 노래로 있었음을

그가 떠난 후
삶이 푸르다는 것이다.

빗소리의 뒷그늘

그대 고독이
썩어 문드러진 밀알이 될 때
밤의 살빛은 배둥오른 연두 길

고독하라
파도에 고개 떨구고
파도에 고개 들고

육신의 마침표에
바글거리는 구더기의 아우성에서
삶은 무심을 가르치지 않는다

그대 고독에서 희망은 민무덤일지라도
흔들리지 않는 뿌리이기를

고독하라
그리하여 고독하라
어둠의 노래가 햇살을 만드노니.

여름밤

방 안에 갇혔다,
엄마의 걱정은 문틈에 달려드는
자투리 바람
나는 호롱불처럼 밤을 껌뻑거리고
엄마의 밤일은
비바람에도 계속되고
세숫대야가
어디로 날아가는지
소리가 쩡쩡하고
우두두두 우두두두
비 내리는 소리는 폭포 속
섬 집이다

가끔
섬광이 지나면 심장이 멎고
누이 손 꽉 쥐어
진정할 때면
칠흑 밤도 무서움을 아는 것일까?

비바람 하품하면
겁먹은 풀벌레 물기 털 때

"눈 감고 그만 자거라"
엄마의 목소리는 밤을 꼬박 새울듯한데
옥수수 잎을 훑는 바람
머리 큰 해바라기는 무사할까
장독대 옆 채송화는 다알리아는
고추와 가지가 텃밭 지키는데
누렁소는 잘 잘까?
초가는 쑥대머릴 텐데…

캄캄한 밤은
짧은 새벽 만들고
나는 잠들지 못하는데
요란한 바람이
호롱불을 몇 번씩 삼키지만
평온한 엄마의 눈은 여름밤을 보듬고 있다

매미소리 파아란 하늘
가슴 물들이고
무지개가 눈 속 어리며
호롱불 연기 사이
눈꺼풀은 엄마의 쪽 진 머리가 겹쳐
나의 고른 숨소리는 은하수를 걷는다.

눈물의 마음

울지 마라
아파도
눈물이 겨울 강을 만나면
돌고 돌다
떠나지 못한다

얼은 손 허적이며
굳은 팔 허적이며
품속 이름
토하고 토하며
뭍으로 뭍으로만 오른다

내일 또다시
속절없이 사라져도
겨울 강 되어
빙화로 피는 노래이리니.

초충도의 밤

만나지 말았어야
오천 년 전 몸짓에서
빌딩이 하늘을 찌르는 날선 칼
이미 만났다는 것이다

고리 엮은 수갑
기다림과 자유 외면한
초록에 링거 꽂아
그늘진 웃자람은 햇살이 그리워도
사랑이란 간식은
사육의 표본이 되었다

황금이 타락시킨 불나방
상식을 압도한 패륜은
드라마보다 당돌하다
삶에 휘어진
희생의 세월은 세발 되고
오라 손짓하는 요양병원

사랑은 상처로
상처는 사랑으로
물욕에 조작된 풍선 사랑
가까울수록 한숨과 상처는 깊다

눈물이 그친 후 돌아서 웃는
너 내가 다르지 않고
밀폐된 언어의 몸짓만큼
상실의 삶은 아리기만 한데

순수의 옷을 입고
피죽의 밥상에 젓가락 하나 걸치면
웃음소리 토담이 낮았는데
묵은 된장의 아늑함은 낯설고
검은 아가리의 야욕과 비곗덩어리 축제에
산천은 주름투성이다

오만 원권

백의의 미소는 밥줄이라 하는데
초충도의 황토빛 아리랑아!
훈육의 어머니는
오늘도 가슴을 대지에 물리건만
깊은 밤 각진 밀실
초충도의 흐느낌은 21세기 벽
결실의 과육은 지쳐 가고
인자한 미소는 씹다.

청사포에서

바다의 일렁임이
네 눈과 같다는 건
내 마음이 치는 것이니

움직임이 절제된 등대의 우직함은
내가 미처 알지 못한
무언의 깨달음에
노을을 묶어
어둠을 밝히고 있나니

밤 속 깊어갈 인연을
지금 생각하는 것은 아니지만

나는 생각한다

얼마나 감사한 일이란 것을!

소중한 사람

하루의 시간을 탐닉하다
상념의 오랏줄에 묶여
수척해진 나는
하얀 밤이 동행입니다

구속이 아름다운 시간
당신 사랑이 젖는 하늘
고요한 빗줄기는
당신 입술로
생명을 지탱하는 약속의 땅입니다

사랑과 미움이 한 뿌리에서 태어나듯 저녁에서 손꼭 잡은 새벽까지
애잔한 미움의 한숨은
레테의 강을 건너고

눈물 밴 베개송사에
기억이 바래져도

은하수의 뒤란과
자유로운 구치소가
혼융을 위한 간절한 기도라는 것을

삶의 백발 성성할 때
깊은 당신 눈 맞추고
천상의 노래
땅끝으로 부르며
소중한 당신
눈물받이로 살렵니다

수레

 창에 비친 얼룩진 낯선 얼굴
 타인으로 실핏줄 푸르게 돋는 것만큼 살아왔다는 것이다
 어둠 쪼갠 전조등마냥
 가슴 뚫고 바람이 훑어간다

 묵은 술잔은 흔들리는데
 바퀴는 제자리 멈춰있고
 나는 이 낯선 중년의 밤이
 지나온 흔적보다 남은 흔적마저
 문힐 여정이 비상약과 굳은살의 항로란 걸 안다

 그리하여 내가 쇠 물 삼킨 중년의 서러운 눈이
 또다시 실핏줄 푸르게 그어 갈
 조건 없는 고요의 오랏줄임을 아는 것이다

 수레여!
 마지막 한 잔

완숙한 나이테에 바퀴는 돌아가야 하는 것이다
잔의 심장이 따뜻해 올 때까지
술잔이 필요하지 않는
삶에 자유를 아는 그날을
내가 만든다는 것을 알 것이다.

개와 고양이

꼬리를 세차게 흔드는구나
냐옹 소리가 방안 가득하다
빛나는 털과 오색 장식에
계절이 비켜앉은 안락함
애교는 먹거리 앞에서 호들갑이다

나는 정상을 좋아한다
누구의 간섭도 거절하고
모든 이에게 사랑받고
세상은 나를 위해 차려진 밥상
꿈이다
사람이길 포기해야 한다

사람은 짐승이 되어 가고
짐승은 사람이 되어 가는 동거
사람보다 먹이에 목마르고
종이 쪼가리의 개가 되었다
나는 자유로운가?

개와 고양이와 나는 다른가?
말 잘 듣는…

사람의 눈물을 본다
흐르는 눈물이 이를 물고
닭살이 피부를 뚫고
말과 눈빛에
우주의 아름다움을 간직한
그대 사람에서 사람의 향기가 가슴으로
전해옴이 살아가는 자의 숙명

아이의 눈과
재잘거리는 목소리와
질풍노도의 방황과
하얀 드레스의 수줍음과
새치가 늘어
노을빛이 잔주름에 비치면
뒷모습의 쓸쓸함과 외로움이

양어깨에 그물처럼 얹혀
따스한 시선에 눈물 하나 어리면

볼 줄 알고
느낄 수 있다면
개와 고양이의 군주는 낯설다
옹달샘같이 우는 아이의 눈물이
내게도 네게도 남아
내 너를 앎에
그대만 사랑하기로 한다.

그 누구도 상처 주지 않았다

이제는
슬플 때 웃을 수 있었다
힘든다는 건 세상과 정면으로 부닥치고 있다는 것
최후의 적은 나였다
타인은 그저 나에게 스승이거나
진리였다

내면의 소리
저 깊은 심장 고요한 곳에서 울리는 나의 이야기를 들어야 했다
나는 누구인가
나는 왜 살고 있는가

나의 최후와
최후의 삶까지
그 누구도
나에게 상처 주지 않았다

3부

기생충

휘어진 강물이 눈앞을 흐르면
탄성은 절로 난다
이 아름다움에 내 삶도 아름답다고

아! 기실 그도 그런가

숲의 가장자리에서 천천히
숲으로 들어가면
여유로움이 주는 이 한적함
오케스트라의 연주
가슴 뛰는 설렘은 충만한데

아! 기실 그대들도 그러한가

끝은 어디에 기다림으로 있는가
파란 하늘이 맞닿은 그곳
형언할 수 없는 가슴 트임과 동경이 어우러지고
청춘의 색깔로 미래를 설계하던 충만한 바다여

아! 기실 그도 그런 청춘인가

도시의 불빛이 하늘로 퍼져가고
청춘의 아름다움은 밤을 재우며
산해진미에 웃음이 폭탄 쏟아지듯
이 황홀한 지구의 귀퉁이에
하늘을 보고 강을 보고 숲을 보는데

아! 기실 그들도 그럴까

나는 내가 쓰레기였다
아름다움에 아름다움을 먹고
더러운 오물을 배토하는
산도 강도 바다에도
쓰레기와 구토를 만드는
세월의 폐기물 덩어리
더러운 냄새를 풍기는 지구 기생충이다.

모란이 피면 오신다 하였습니까

 모란이 피면 오신다 하였습니까?
 아지랑이 키가 담장 넘고
 제비꽃 향기 땅속으로 스며 간 곳에는 달맞이꽃이 부끄럽게 피어
 솜털 같은 미소는 달을 닮고
 내 발걸음 묶어 넋이 간 곳
 그리움이 꼬옥 안아 줄 듯도 한데
 여름 매미가 우는 건 내 마음이 우는 겁니다

 모란이 피면 오신다 하였습니까?
 어제는 동백꽃이 그리 지고
 동백 따라 능소화도 그렇게 가고
 떨어진 꽃은 떠남을 알게 하지만
 그리움은 이별이 없는 까닭에
 내가 이 여름까지 덥게 하나 봅니다

 모란이 피면 오신다 하였습니까?
 여름 철새 오고

따가운 햇살이 바람을 데워
짙은 녹음과 백일목이 피면
백 일 기도에 나의 피는 붉어 가고
모란의 흔적은 먼 길을 떠났는데
밤 잎새에 열린 영롱함
그대라 하면 될런지요.

가벼움에 대하여

하고 싶은 말을
해야 함에도
빗나간 화살이 될 적에
나는 얼마나 어리석은 것이냐

해야 할 말을
하지 못하고
혓바닥과 머리가 허공을 맴돌고
눈 끔뻑거림과
더듬거리는 입과의 부조합
안다

무슨 말이 필요하리
껍데기에 인생을 걸고
자신을 위해 타인을 위하는
무지의 낡은 습자지

나는 그대와의

선을 긋기 위해
이 악물고 씨앗을 뿌린다
언젠가는 사람이기를
언제나 사람이기를

봄 햇살이 따스함으로
겨울을 보내듯
한 톨 지푸라기도
남기지 말고
촛불이 바람을 데우는
숭고한 등신불임을!

봄꽃이 바람에 흩날려
물결에 몸을 띄우듯
솜털처럼 가벼이 그렇게
다시는 돌아오지 말아라.

나의 눈

한센병이 예수다
검은 가방 하나에서
푸른 별을 찾은
푸른 눈의 미소

나는 슬프다는 것이
얼마나 어리석은 자기 위로의
비겁한 변명이라는 것을
눈물 한 방울 찔끔 흘리는 것이
가장 지나친 사치라는 것
고통이 안락이다

잘 따라줘서 고맙다는
젊은 날과 기쁨의 순간순간
섬김에 노래했을 뿐
부끄러운 웃음은 하늘도 어쩌지 못하는 맑은 푸른 눈

한 통의 편지에

이제 늙어
더 안을 수 없다는
짐이 된다는
검은 가방 하나 들고
눈물보다 풋풋한 미소 하나 심었다

한센병이 예수다
한센병이 예수다

파도와 나

순한 마음일 거라
수없이 부서지는 너를 보며
나는 그 상처를 그 아픔을
알려고 하지 않았다
오만과 편견을 무시하며 나는 순백일 거라
이기에 탐욕하지 않고
이타에 위로를 얻었다 하나
부서지는 너의 아픔이 전이됨은
내가 알지 못한 참회에서
수평선의 숭고함과 깊이를 몰랐으니

나는 아직 바위에 찰싹이는 물보라만도 못하기에
백지로 남아 있나 보다
그것을 순백으로 보는 나는 또
얼마나 어리석음인가
바다가 푸르다면 푸르러야 함에도
푸른 발자국을 원치 않음은
푸른 바다의 일렁임이 세상에 닿을 때

나는 생각한다

깊고 푸른 저 심해의 방랑자가
발아래 포말로 부서질 땐
하얀 마음 하나로 평생을 철썩이는 거라고
너와 나 그리고 우리 모두는
푸르기만 한 것일까
끝자락 삶의 푸른 바다는
푸름이 푸르지 않다는 것을!
나는 본다.

모깃불과 반딧불과 별똥별

방에서 축담으로 평상으로
새까만 고무신 고무신 앞에
여름 저녁이 희뿌레지면
쑥대와 잡풀들이
톡 톡 탁 탁 목탁 치듯 소리를 내며
청색 연기를 내뿜는 것인데

나는 연기를 온몸으로 부딪히며
먁을 감고
모기들은 십 리 밖으로 도망가는데
수박 껍질 참외 껍질 청시 등이
불속에서 타면 수박 냄새 참외 냄새 청시 냄새가 푸르게 났다
회오리처럼 꽈배기처럼
하늘로 방으로 날아가면
까까머리 디밀어 연기 따라 날고 싶어 두 팔 벌려 달리다

언뜻언뜻 깜빡이는 반딧불이에
나는 눈과 발이 쫓아가고
반짝이는 것들이 마당과 풀숲과 하늘로 솟는 것인데
별별별 쏟아지는 별 속에 휙 하니 사라지는 별똥별이
잡으려다 놓친 반딧불처럼
반짝반짝 반짝이다 어둠으로 사라지는데

하늘에도 땅에서도 반짝이는 모든 것은
별똥별도 반딧불이도 모깃불도
빛나는 건 모두
잡는 것이 아닌 가슴에 심는 것이었다

약속

하염없다는 말이
장마에 실려
물기의 일상이
새들의 어깨에 고달픈 무게를
더함에 비상이 낮은 고도에
젖는 날개는 서럽다.

내리는 비와 내린 비가
갈구의 외침이 범람함에
길섶 자리 비 젖은 맑은 몽우리는
꽃잎을 터뜨리는데
나는 가슴에 담아온 언어의 언약에 대해
시간을 생각하는 것이다.

비가 물이 되고
여울이 강으로
강물이 바다로 가는
들녘 들녘에 푸른 밭을 일구며

스치는 것을
나는 비속에 서서 숙연함으로
보는 것이다.

흐름과 피어남과 여물어짐이
정해진 길이 아닌
곳곳 구석구석 어루만짐에
바람이 털어주는 안락한 품성이
시간의 수레를 타고
푸른 별을 만드는 것인데.

살아가는 것도
지구가 자전하는 것도
행성이 도는 것도
살아있는 삶이기에
죽어서는 그 아무것도 아닌
사는 것이 시간의 약속인 것이다.

비 내리는 잿빛 허공과
먼 산의 숨바꼭질 그 속에서
아기 새는 자라고
진흙 속 연꽃이 비를 흠뻑 맞아도
피어나는 것에 대해
나는 시간이 만드는 것은 약속이지만
약속은 내가 만드는 것이란 걸
생각하는 것이었다.

사는 건 모두가 그리움이다

달빛이 그리움에 짙어지면
그림자를 낳고
강도 그리우면 노을을 품나니
별은 어둠을 밝히고
그리운 이름은 별을 만드네

세상과 멀어질 때
그리움을 그립게 하고
꽃들이 지면 눈물은 추억이 되나니

산다는 건
모두가
그리움 되네.

아픔이 아픔일 때

삶에서
불편하다는 건 사는 것이다
자유가 그러하듯
불편함은 화를 안고 분노하는 것

아기 새가 세상으로 날갯짓하는 것으로
자유 속 두려움을 안고 살아가야 하는 건 살아있는
자에게 주는 선물이다

고뇌가 슬픔이
화로 영속되어도 사랑해야 한다
서툰 나의 삶을 위해

기쁜 날 슬픈 날 외롭고 지친다는 것
주저앉아야 물속 바닥이 보이듯
일어서는 나의 미래는
불편이 주는 시작이다

흐르고 흘러
흙탕물이 나의 얼굴을 닦아줄 때
연꽃의 고귀함을
내가 사랑하는 이유가 그 이유가
나의 주관이 너에겐 객관이 되는
하나라는 것을 깨닫는 것이었다

당신이 아는 것보다 더

비 내리는 날
가슴에 담은 이를 위해
깊은 밤 빗속 키스를 했는가
눈물인지 빗물인지도 가늠하지 못하는 목울대가 발끈한

눈물이 눈망울을 훔친 시간의 배신
그 긴 기다림이 허물어지며 쌓이는 건
꾸겨진 혼돈에
미친 듯 함께한 시간의 고무
가던 길에 오던 길에 희망과 절망은 공존하는데

잊어야 할 듯
잊어야 하는
잃어버린 시간의 끝에 달린 절망은 심장을 파괴하는데
가슴은 살아 살아서 날뛰는데

그는 죽음으로 갔다는데

그 말들이 현실이 아니길 하면서도
현실은 내가 바라는 반대편에서
악마의 목소리는 시기와 질투에서
동화는 끝나지 않았던 것이다

그대가 세상에 전부라는 것을 느낄 때
빗소리가 풍경 되어 어둠을 토닥일 때
묻자
물어보자
물어야 한다
사랑이 눈에서 가슴으로
상처와 성숙의 동아줄이면
사랑하냐고?
정말 사랑하냐고?

당신이 알고 있는 것보다 더!

애완용에서

산다는 건 집이 필요한 걸까
언젠가부터
방사형 그물로 떡하니 바람 숭숭한 집을 지었다
그것도 두 개다
어이없지만 올여름 함께 살아야 한다
나도 그들의 사는 모습을 보는 재미가 쏠쏠하다

또 다른 자
정확히 세어 보지 않았지만
이들은 잠자리를 여간 성가시게 한다
함께 놀기를 원하는 것인지
나의 몸에 상처를 내고는
밤새 나를 괴롭히다 낮이 되면
벽에 떡하니 붙어 빨간 배를 늘어뜨려
잠을 잔다

그리고
어둠의 전사 도망의 귀재

순간 나타났다 사라진다
불이 켜지면
눈 맞출세라 줄행랑친다
같이 살면서 인사 한번 나눈 적 없는 고약한 놈이다
몇 놈인지 알 수 없고
덩치는 매 다르다

그리고 나
그들은 내가 주인인데도 무시한다
애초 그들과 계약서를 쓰지 않았다
무단 침입자들이다
그저 잘 살아가길 바라는데
저들도 나에게
계약서를 원하지 않았다

내가 세를 내고 있다는 걸
알았을까?
내가 애완용으로 보이나

제기랄!
자본이 필요 없는 세상이 있다
자유 만세!
자유 만세!

바위의 현이 음색을 켠다

청량함의 바람벽이 열렸다
나는 귀를 열고
푸른 바다를 꿈꾸는
그들의 날갯짓에 미역귀의 짠 내를 본다

백합의 쑥스러운 수줍음과
하얀 드레스와 면사포
아픔이 성숙한 천상의 소리로
바위의 현들이 음색을 켜면
바위는 시린 눈이 아프다는데

흐름은 침묵을 알고
흐름은 격랑의 유연 뒤
투명 속 첩첩 쌓인 인연에서
재잘거리는 우리들의 웃음소리가
죽도록 그리운 것이
잃어버린 것을 잃은 날에
바위는 하얀 물감을 풀어 놓는다

부엉이바위의 죽음

눈물이 사치란 걸 알면서도
나는 눈물을 흘린다
주관의 타자에 아픔을 알고
상처를 상처로 보지 못하는
나였다는 걸

그래 그것이 사랑이라고
떠벌리며 부끄러움을
매끄럽게 덮은 채
무지한 삶을 살았다

사랑하면 떠나지 않아야 한다
남은 자의 눈물에 귀 기울일 줄 안다면
부엉이바위에서 바람을 맞이하는
그를 나는 안다
그는 나의 존재를 늘 안아줬다

그러나 꽃잎이 지고

별똥별이 지고
로드킬의 고양이
수족관을 바다로 착각하는 고기들
도살장으로 가는 소
하나가 죽고 하나가 사는
짙은 어둠의 사슬에서
맹세하노니 너희들은 죽지 말라

죽음은 사랑하는 사람을 위해
죽는 것은 없다
슬프다는 건 짐이다
산 자를 위해
그리고 사랑하는 사람을 위해
이 더럽고 야비한 세상일지라도
버리지 못하는 건
사랑으로 남아야 한다는 것
때가 불편하게 한다 해도 불편할 수 있음을 알 때
영원한 꿈을 꿀 수 있는 것이다.

서릿발

새벽이면 키 작은 그들이 온다
발아래
바스락이며
지구를 온통 들고 있다

나는 왜 생각하는가

바다처럼 넓지 못한가

등대처럼 의연하지 못한가

파도처럼 속삭이지 못한가

바위 섬처럼 인자하지 못한가

나는
왜
생각하는가!

굴절

물이랑 이 바람의 모습을
내 눈에 닿게 하네
물과 바람과 나의 실체
비는 소리 낮게 내리고

창으로 들어오는
넘실거림이
가슴 꽉 찬 마음을 헤집고
뛰는 심장 소리는
강물처럼 고요로운데

풀꽃들의 반란이
어진 흙을 움켜쥐고
숨 쉬는 공간을 나누며
낮은 곳의 참회로
일어서는데

감은 눈 다시 뜰 때

같은 것에 다름으로 채색됨은
흐르는 유연을 완성하는
심성이라 하는데

보고
느끼고
앎에 자신하던 나에게
한 방울 빗줄기는
차디찬 깨달음으로

살아가고
살아있다는 것이
모질다 하여도
마음 하나 아가페로 살았다면
언젠가
만남의 약속이리.

내 사람에게

초연해지지 않으렵니다
당신의 질투 먹고
나는 시비 걸며
당신의 걱정 먹고
나의 질투를 선물하렵니다

다시 초연해지지 않으렵니다
당신 눈빛에 길들지 않고
돌아앉아 피식 웃고
마음 약간 상하게 하여 곁눈으로
당신 그림자를 훔쳐보겠습니다

남몰래 울었을지 모를 깊은 밤
당신께서 곤히 잠들면
감춘 일기장 훔쳐
원망 가득한 마음을 읽고 싶습니다

보이지 않았던

주름이 머리숱 닮아
가늘진 세월이 쌓여 있음에
나는 초연해짐을 더욱 거부하고
눈물 쌓인 느낌표의 빈 란에

(그래도 나는 당신을 사랑하는데
어쩔 거냐는!)

심통 섞인 마침표의 낙서로 채워 놓고
당신 고함소리 앞에 두고
돌아서서
세상 속으로 걸어가겠습니다.

가난한 자에게 가을비는 젖지 마라

가난한 자에게
가을비는 젖지 마라
겨울이 차가워
나무들도 잎을 떨군다

아랫도리 시려도
바람 모아
먼 곳
낮은 곳의 이불 되고
가을 숲은 쉬어 가라

장작 되고
가난한 자의 살결을 데운다
헐벗음도
메마름도
속살 내어
뭇 짐승을 살찌우는 것이다

겨울이 오기 전
그대 맘 데우기 위함이니
지금 우두커니
비 맞는 가을 숲이라면
그대 삶에서
한 번쯤 울어도 좋으리.

쭉정이

평온한가 가을이여
결실에 결실을 결실을 거두는가
춤추는가 가을이여
색동옷에 황톳빛 물씬한 대지
풍요로움은 산야에 지천에 흥겹다

떨어지는 자존감은
퍼질러진 한 개 홍시보다 못하거늘
썩은 밤톨의 가벼움은 끝이 없고
산꿩은 엄폐할 곳을 잃어 가는데

가을이여
하늘이 짙푸르게 가슴에 닿고
고고히 흐르는 강물은 오늘도 어질기만 한데

쭉정이의 요란함에
귀또리의 첫사랑이 사장되고
붉은 사과의 가증은 썩고 썩어서

칼날은 외려 무디기만 하다
가을바람을 함께 편승해야 하는 나는

아프다 가을이여
나에게 이 가을의 결실은 정차로 있고
쭉정이들만 춤을 추는구나.

팬티를 다리는 마음

살 내음이 가장 비밀스럽게 닿는 곳
간절함의 기도로 다림질을 한다
그대보다 나의 이로움에서
그대를 곁에 두고 속살의 주름을 펴며
그대에게 향기를 심고 싶다

펴지는 주름만큼 그대가 내가 행복하기를
펴지는 주름만큼 그대가 높아가기를

사랑은 소유보다 보푸라기 하나 떼어주는 것
내 마음 구석구석 조각조각 밀랍을 짓고
살아가는 날이 감사에 감사가 더해짐은 내가 짓는 행복인 것이다

그대가 웃는 날이 나의 웃는 날이듯
태풍의 거대한 격랑이 맑은 햇살을 품고 있듯
나는 오늘도 팬티를 다리며
세월의 속살을 편다.

삶은 그렇다

모든 것이 끝났다고 생각 들 때
믿지 마라 읍소하지 말라
그대가 알지 못한다 하여도
새로운 시작이 그대를 이끄는 것이다

그저 주어지는 것은 없다
오늘도 내일도
그리고 지금
그대에게 주어진 삶이 아닌 듯하여도
어쩌면 삶이 주는
가장 처절한 행운일 수 있다

모든 것이 암울하게 느껴질 때
삶은 그대를 잃고 싶지 않기에
세상 그 무엇보다
그대는 사랑스럽고 소중한 것이다

그대가 사람입니다.

통영의 시간

사람의 집들이 불빛만큼 속닥거리는 것은
짠내 나는 갯가가
풍성한 사투리가
거친 해류의 유속만큼 빠른 세월에 등을 보인다

나는 그 속이 비어있는 나그네의 고기 굽는 냄새에
마음은 꿉꿉하기만 하다
사투리에 익숙하지 못한
기름기 낀 목소리가 낯설게 들려오고
어둠을 겁탈하는 불빛에
방황하는 사무침은
검은 벽을 마주한 낯선 흐름이다

꿉꿉한 마음만큼 새까맣게 탄 바닷가에서
나는 별을 보지 못한다
쪽빛 푸른 하늘을 담아 흐르던
그 내음으로 살찌운
그날 그 깊은 울림은 없다

다만 어둠 속에서 낯설어지는 기억을 붙잡고
별을 세고 하늘을 바다에 띄우고
아재가 부르는 손짓을 떠올리며
별의 눈이 되고픈 나는
두 눈을 꼬옥 감는다.

4부

나 하나라도

나의 고개 숙임은
미소를 띠기 위함이다

바람을 타는 향기에
꽃의 향기에
나의 고개 숙임이며

생명의 뿌리를 살찌우는 대지와
바람에 숙이는 풀잎과
생각의 씨앗을 심는 나

무릎을 꿇는 건
너보다
나를 알기 위함이며

부러진 나목과
허리 잘린 산과
매몰되어 간 생명들의 의연함에

나의 통곡은 얼마나 구차한가

거대한 태풍에
고개 숙임은
미소 잃지 않음에 있다

오늘 안의 지금

어둠에 사선을 긋는 빛
바람의 칼날에 부서지는 언어의 인사와
무겁지 않는 미소의 악수로
바다 뒷바람은 명주바람이다

어색함이 이끄는 담소는
흐른 시간의 망각과
기억에 기억을 덮고 있다

흔들리는 검은 눈동자의 숙연 후
들썩이는 어깨
허공의 바람결이 폐부를 핥고
이별을 놓지 못하는 시선은
눈물의 부름인가
적막은 어둠만큼 짙게 파고든다

레테의 강은 언제나 흐르고 있다
너와 나 우리는 알기에

지친 오늘에 엽서를 쓰고
지친 오늘이 내일의 나로 연주될 때
지금 감사함을 써야 하는 것이다

오늘 안의 지금
숨 쉬는 곳이 빛나는 별이듯
온전한 감사함은
그대에게서 행복이 시작되는 것이다

슬픈 詩의 이별

툭툭 몸을 가누지 못한 동백
빛바랜 조문이 이어지고
햇살이 삭아드는 시간에
전보를 받는다

상아탑의 치열한 외침 속에
소주병이 비어갈 즈음
유성을 보며 세월을 질타하며
살자고 했었다

낙엽의 처연한 뒷모습과
누군가 남긴 하얀 발자국은 미련만큼
움푹 패어
까닭 없이 대지로 스밀 때
낯익은 주소도 바래져 갔다

동백기름과
헛기침과

서낭당과 돌다리의 회상
겨울의 냉기는 기억의 이별을 잡는다

잃어버린 것과 잊은 것
사라진 것과 떠난 것
슬픔 속에 보낸 모든 것에서
슬픈 기억은 이별하지 못하나 보다.

도동서원에서

눈을 먼 곳 창을 바라보아야 했다
울컥임을 짓누르면 임은 보이지 않고
세월만이 담장처럼 켜켜이 앉아있다

바람이 오고 가는 곳
시절의 숨결을 가득 품고
청빈의 소학 동자는 솔잎을 흔든다

비가 내린다
퇴색한 계절의 뒤란에
모란의 마른 잎새에
은행나무의 강독에
아래로 아래로 떠나는 강물에서
때의 시간을 닮은 어제
때의 세월을 닮은 지금

임은 보이지 않는데
임은 떠나지 않았네.

작은 것들의 힘

우연이라는 말과
어쩌다 보니라는 말을
지나치며 하지 말길

추운 곳
미세한 햇살 한 줌과
침묵만이 감도는 곳에서
붓칠로 한 송이는 피우노니

감사함 알고
외로울 때
살랑이는 낮은 바람 오면
전설 되어 천 리 이어가노니

그대 행여
길섶 서서
가을이라 샛노란 나의 모습에 익숙해지면
쓸쓸하지 않길 바라는 것이니.

그릇

내 이제사 작은 종지의 인연을 옮겨 담는다.
대접에서 쌓인
사랑과 슬픔과
삶과 어두움을 한 스푼 두 스푼
쌀알처럼 쌓아둔 아름다운 인연을 담는다.

기억과 추억이 공존하고
첫울음에서 삼키는 옹알이를
알기에
내 너에게 살점 하나 떼어준들
아깝지 않겠다만
살아감에 도움 되지 않을 터

적막의 시간이 오면
너의 가치를 생각하고
분노가 손짓할 때
우리의 미소를 생각하고
이별이 정박할 때

매듭을 풀지 않기를…

나이 조금씩 눈물을 담아내어
그 씨가 자라면
대접을 준비하여
넘치는 그 날까지
뜨거움을 따뜻하게 품기를
그리하여 너의 성이 완성되는 날

걷는 길에 들꽃이 외로이 피어
바람에 겨워하거든
한 번쯤 돌아서서
따스한 너의 눈길을 건네
외롭지 않게 하여다오.

통영의 밤

이십이 년은
때 묻지 않은 활어 되어
물결을 차는 차디찬 밤바다의
일렁임으로
켜켜이 묵은 청태의 갈색과
밤 별이 물 낯을 유영하며
시린 가슴에 안긴다

광장에 흐르는 비릿한 토속어들이
지는 듯 지는 듯 지나치는 함선 사이
충혈된 기억에 깍지 낀 두 손
지워진 선술집을 힐끔힐끔 지나고
빛바랜 기억이 새록새록 한 갯냄새

쓰다만 글자들은 언어로 덮고
고개 돌린 외면의 밤이 쑥쑥 자라
기억된 기억을 건너는 초례청에서
지지난 시간을 물 위에 띄우며

돌아선다

삼킨 울음의 씨를 뱉고
반밤에 감싸는 얼굴의 바투
달빛이 토한 윤슬은 가슴을 헤쳐놓고
아앙 아앙
망아지는 허공으로 사라져갔다

나는 글자만 읽었다

푸른 하늘을 바라본 것이 아니었다

백석을
니체를
참을 수 없는 존재의 가벼움을
곰브리치를
안도현을
강신주를
안나 카레니나를
칸트를
헤겔을

눈으로 내용을 읽고
눈으로 생각을 읽고
책갈피를 내 손으로 넘기고
선생님의 말들을 새겨 적지 않았다

습자지의 지식으로

삼겹살에 침 흘리는 돼지
나는 글자만 보았다

그러니

테이프처럼 늘어지는 친구의 이야기를 듣는다
죽음이 무엇이냐

봄이겠지
새싹 같은 하지만 꽃이 없겠지

미친놈
그걸 말이라고

그럼
여름이겠지
물같이 흐르는 그러나 벗어날 수 없지

웃기고 있네

그럼 가을은 어떨까
단풍 같은 처연한 클래식의 마지막
같은

그럼 겨울도 죽음이냐

그렇다고 해야겠지
마지막과 죽음은
영원히 마주 볼 수 없으니까

크로커다일

파란 하늘과 초원이 맞닿아
실바람 한줄기와 초록 군무의 향연
힘찬 근육을 뽐내는 누들의 질주
세렝게티의 잎새에 맺힌 진주들은
방울방울 마라강을 찾는다

사람이 살기 전 집을 지었고
유산은 마라강이 전부다
용오름의 물결이 일면 누의 살점이
붉은 강물이 된다

살점이 목구멍에 보일 때
눈에 고인 가증스러운 액체
나는 그렇게 처단의 이름을 붙인다
그는 수천 년의 유산을 이어받은
물려줄 유산이다

그는 아직도 가증스럽다는 말을 모른다

나의 선조가 물려준
치욕의 유산인 줄 알면서
지금의 나는 가증스러움을 쓴다
비겁한 음흉이 기억된 뇌

뻔뻔함의 극치다

악어는 가증스러운가!
나는 얼마나 더 가증스러워야 하는가!
유산을 남기기 위해서는!

사랑이 오면 그렇게 오라

달빛이 무거워
물결 위 조각을 낸다
진심을 잃은 사람에게
상처가 길어지듯
온몸을 적시며 파도같이 부서진다

푸른 하늘과 아름다운 꽃들의 만개가
가슴을 비껴갈 때
쪼개지는 무게 무게들이
낯설지 않다는 것은 살아감의 인연
간이역과 종착역은 다르지 않다는 것이다

내가 원하는 것이
전부가 아님을 알 때
흔들리는 눈빛은 어제의 빛에
고개 떨군다

깊이 살아가는 이는

빛을 받아들이고 밝히는
달빛 같은 것
마음의 눈빛이 흔들리는 건
눈물의 서곡이다

자유의 그늘

자유의 꽃이 만개한 날

이밥에 도토리묵과 소고깃국이
꿈속까지 되새김하던 날 그날들
키를 쓰고 소금을 구걸할 때
순이네의 소금과 장독이
똑같다는 것

자유의 깃발이 나부낄 때마다
나는 그 깃발 아래 숨죽여 우는 사람들의 눈물이 젖어들지 못하고
팔락이는 건조함이 자유와 같다는 것

자유를 위해 피 흘린 그 날은 죽었다
매수된 자유는 평등을 삼키고
하늘을 치솟는 빌딩과
지하철의 잠자리는 요원한가

깃발의 군집
일간지는 죽은 언어의 도배로 있다
나는 자유를 사랑하지만
사람을 먼저 알았다

자유 속 구속된 평등의 상처가
그리운 것은 공정이었다
자본이 만든 자유의 피는
가증의 삶과 악취만 풍긴다.

겨울 뻐꾸기

겨울비처럼 서럽게 울던 아이
아이는 여름 장마에도
언제나 차디찬 겨울비가 내렸다

악 지르는 소리와
천둥의 쉼표 같은 속울음과 흐느낌
비가 멈추고 밤하늘의 별이 보일 때쯤
노인의 손을 잡은 아이는
푸른 멍 같은 밤길을 울먹이며 걸어갔다

둥지에 둥지를 철새처럼 틀어야 하는
푸른 날에
제멋대로 흘린 세월은
헝클어진 머리카락처럼 치렁했다
아버지가 언제나 보고픈 그 아이

꽃들의 웃음이 만개한 날
거미줄이 올가미처럼 촘촘하고

아이도 청년도 여인도 노인도
날카로운 울부짖음도
핏빛 별들이 유성처럼 떨어져 있었다.

마음의 노래

빈 공간은 외로움이다
외로움은 빈 하늘이다

대지의 검버섯 같은 상처에
잡초들은 어깨동무를 한다
끝없는 파아람의 눈부신 하늘도
한 점 구름이 더욱 푸르게 한다

허공이 허공으로 가득 찰 때
미꾸라지 같은 송골매와
신작로의 버드나무길을 걷는 나그네의 뒷모습은 쓸쓸하지 않았다

물이랑이 침전된 호수가
죽은 듯 누워 있는 것도
산 그림자를 품는 것도
한 점 바람의 일렁임이
빈 공간을 걷어 내는 것이라고

그대가 내가 저와 같은 건
외로움은 견디는 것이 아닌
무언 속 눈빛 하나로
모래성을 허물어뜨리는 것이다

가을 강의 묵화

가을빛 앉은 은모래
신록이 가을 산을 등지면
푸른 하늘이 가을 강이네

물낯이 나긋나긋 품속으로 안기면
두 팔 벌려 하늘을 담고
마음까지 일어나 춤추는데

색깔에 색깔이 색동의 산과 대지는
나의 눈에도 물감이 물들어 형형색 되고
잊고 있었던 모두인 하나
가을 강가에 나와 그대도 벌거벗은 옷을 입었다

물낯에 스민 얼굴에 낙엽이 구름 위를 떠가고
화려한 너도 나도
루시의 색으로 채색된 먼먼 기억

운명도 색깔도

크고 작음도 어제도 오늘도
그리고 내일도 그리움이 되는 건
포옹 속에 지워지지 않을 따스한 묵화의 가을 강이네.

절 앞에서

숭고한 장소의
숭고한 그 간절함이
사무침에 말 없는 불상 앞에
머리 숙여 큰절 올리면

빙긋이 웃고 있는 침묵에
마음 다 비우지 못하고
말 다 하지 못하고
답답함은 내 마음인데
알 수 없는 건 침묵의 부처님과
내 마음이 다르지 않더라

스님! 스님!
낙엽처럼 흩어지는 절규에
공허만 깔리는데
이곳 이 자리에…
나는 씨눈물 하나 심고
목메어 돌아서는데

외롭고 쓸쓸하고 슬픈 건
이별이 안 되나 보다.

입 안의 이름

초판 1쇄 발행일 2024년 12월 10일

지은이 김태균
펴낸이 곽혜란
편집장 김명희
디자인 김지희

도서출판 문학바탕
주소 (07333) 서울시 영등포구 여의대방로 379 제일빌딩 704호
전화 02)545-6792
팩스 02)420-6795
출판등록 2004년 6월 1일 제 2-3991호

ISBN 979-11-93802-10-6 (03810)
정가 15,000원

* 이 책의 저작권은 저자에게 있으며 이 책의 전부 또는 일부를
  이용하시려면 저작권자의 서면동의를 받아야 합니다.
* 이 책은 국립중앙도서관, 국회도서관 홈페이지에서 검색 가능합니다.
* 문학바탕, 필미디어는 (주)미디어바탕의 출판브랜드입니다.